卞尺丹几乙し丹卞と

Translated Language Learning

Prinz Hyazinth und die Liebe Kleine Prinzessin

Prince Hyacinth and the Dear Little Princess

Jeanne-Marie Leprince de Beaumont

Deutsch / English

Copyright © 2023 Tranzlaty
All rights reserved
Published by Tranzlaty
Prinz Hyazinth und die Liebe Kleine Prinzessin
Prince Hyacinth and the Dear Little Princess
ISBN: 978-1-83566-119-2
Original text by Jeanne-Marie Leprince de Beaumont
Le Prince Désir
First published in French in 1756
Taken from The Blue Fairy Book (Andrew Lang)
www.tranzlaty.com

Prinz Hyazinth und die Liebe Kleine Prinzessin
Prince Hyacinth and the Dear Little Princess

***

Es war einmal ein König
Once upon a time there lived a king
Dieser König war tief in eine Prinzessin verliebt
this king was deeply in love with a princess
aber sie konnte niemanden heiraten
but she could not marry anyone
weil sie verzaubert worden war
because she had been enchanted
Da machte sich der König auf die Suche nach einer Fee
So the King set out to seek a fairy
er fragte, wie er die Liebe der Prinzessin gewinnen könne
he asked how he could win the Princess's love
Die Fee sprach zu ihm: "Du weißt, dass die Prinzessin eine große Katze hat."
The Fairy said to him, "You know that the Princess has a great cat"
"Sie liebt diese Katze sehr"
"she is very fond of this cat"
"Und es gibt einen Mann, den sie heiraten soll"
"and there is a man she is destined to marry"
"Wer klug genug ist, seiner Katze auf den Schwanz zu treten"
"Whoever is clever enough to tread on her cat's tail"
"Das ist der Mann, den sie heiraten wird"
"that is the man she will marry"

Er bedankte sich bei der Fee und ging
he thanked the fairy and left
"Das sollte nicht so schwer sein!" dachte der König bei sich
"this should not be so difficult" the king thought to himself
Er würde mehr tun, als der Katze auf den Schwanz zu treten
he would do more than step on the cat's tail
Er war entschlossen, den Schwanz der Katze zu Pulver zu zermahlen
he was determined to grind the cat's tail into powder
bald ging er zur Prinzessin
soon he went to see the Princess
Natürlich wollte er die Katze unbedingt sehen
of course really he wanted to see the cat
Wie gewöhnlich lief die Katze vor ihm herum
as usual, the cat walked around in front of him
Er krümmte den Rücken und miaute
he arched his back and miowed
Der König machte einen großen Schritt auf die Katze zu
The King took a long step towards the cat

und er glaubte, er hätte den Schwanz unter dem Fuß
and he thought he had the tail under his foot
Aber die Katze machte eine plötzliche Bewegung
but the cat made a sudden move
und der König trat auf nichts als Luft,
and the king trod on nothing but air
So ging es acht Tage lang so
so it went on for eight days
der König begann zu glauben, die Katze kenne seinen Plan
the King began to think the cat knew his plan
Sein Schwanz stand keinen Augenblick still
his tail was never still for a moment

Endlich aber hatte der König Glück
At last, however, the king was in luck
Er hatte die Katze fest schlafend gefunden
he had found the cat fast asleep
und sein Schwanz war bequem ausgebreitet
and his tail was conveniently spread out
Der König verlor keine Zeit, bevor er handelte
the king did not lose any time before he acted
und er setzte seinen Fuß direkt auf den Schwanz der Katze
and he put his foot right on the cat's tail
Mit einem fürchterlichen Schrei sprang die Katze auf
With one terrific yell the cat sprang up
Die Katze verwandelte sich augenblicklich in einen großen Mann
the cat instantly changed into a tall man
er heftete seine zornigen Augen auf den König
he fixed his angry eyes upon the King
"Du sollst die Prinzessin heiraten"

"You shall marry the Princess"
"Weil du es geschafft hast, den Zauber zu brechen"
"because you have been able to break the enchantment"
"Aber ich werde mich rächen"
"but I will have my revenge"
"Du sollst einen Sohn haben"
"You shall have a son"
"Aber du wirst keinen glücklichen Sohn haben"
"but you will not have a happy son"
"Der einzige Weg, wie er glücklich sein kann, ist, wenn er herausfindet, dass seine Nase zu lang ist"
"the only way he can be happy is if finds out that his nose is too long"
"Aber davon kann man niemandem erzählen"
"but you can't tell anyone about this"
"Wenn du es jemandem erzählst, wirst du sofort verschwinden"
"if you tell anyone, you shall vanish away instantly"
"Und niemand wird dich je wieder sehen oder von dir hören"
"and no one shall ever see you or hear of you again"
der König fürchtete sich vor dem Zauberer
the King was afraid of the enchanter
aber er konnte nicht anders, als über diese Drohung zu lachen
but he could not help laughing at this threat
"Wenn mein Sohn so eine lange Nase hat, muss er das sehen"
"If my son has such a long nose, he is bound to see it"
"Es sei denn, er ist blind", sagte er zu sich selbst
"unless he is blind" he said to himself
Doch der Zauberer war bereits verschwunden
But the enchanter had already vanished

So verschwendete er keine Zeit mehr mit Nachdenken
so he did not waste any more time in thinking
Stattdessen ging er hin, um die Prinzessin zu suchen
instead he went to seek the Princess
und sehr bald willigte sie ein, ihn zu heiraten
and very soon she consented to marry him

Der König hatte jedoch nicht viel von seiner Ehe
the king did not have much from his marriage, however
sie waren noch nicht lange verheiratet, als der König starb
they had not been married long when the King died
und die Königin hatte nichts mehr zu versorgen als ihren kleinen Sohn
and the Queen had nothing left to care for but her little son
sie hatte ihn Hyazinth genannt
she had called him Hyacinth
Der kleine Prinz hatte große blaue Augen
The little Prince had large blue eyes
Es waren die schönsten Augen der Welt
they were the prettiest eyes in the world
und er hatte ein süßes Mundlein
and he had a sweet little mouth
Aber ach! Seine Nase war riesig
but, alas! his nose was enormous
es bedeckte sein halbes Gesicht
it covered half his face
Die Königin war untröstlich, als sie seine große Nase sah
The Queen was inconsolable when she saw his great nose
Ihre Damen versuchten, die Königin zu trösten
her ladies tried to comfort the queen

"Es ist nicht wirklich so groß, wie es aussieht"
"it is not really as large as it looks"
"es ist eine bewundernswerte römische Nase"
"it is an admirable Roman nose"
"Alle großen Helden hatten große Nasen"
"all the great heroes had large noses"
Die Königin widmete sich ihrem Baby
The Queen was devoted to her baby
und sie war zufrieden mit dem, was sie ihr sagten
and she was pleased with what they told her
sie sah Hyazinth wieder an
she looked at Hyacinth again
und seine Nase schien nicht mehr so groß zu sein
and his nose didn't seem so large anymore
Der Prinz wurde mit großer Sorgfalt erzogen
The Prince was brought up with great care
Sie warteten darauf, dass er sprechen konnte
they waited for him to be able to speak
Und dann fingen sie an, ihm alle möglichen Geschichten zu erzählen:
and then they started to tell him all sorts of stories:
"Trauen Sie Menschen mit kurzer Nase nicht"
"don't trust people with short noses"
"Große Nasen sind ein Zeichen von Intelligenz"
"big noses are a sign of intelligence"
"Kurznasige Menschen haben keine Seele"
"short nosed people don't have a soul"
Sie sagten alles, was ihnen einfiel, um seine große Nase zu loben
they said anything they could think of to praise his big nose
Nur wer eine ähnliche Nase hatte, durfte sich ihm nähern

only those with similar noses were allowed to come near him

Die Höflinge zogen sogar ihren eigenen Babys an der Nase

the courtiers even pulled their own babies' noses

sie dachten, dies würde sie in die Gunst der Königin bringen

they thought this would get them into favour with the Queen

Aber das Ziehen an der Nase half nicht viel

But pulling their noses didn't help much

Ihre Nasen würden nicht so groß werden wie die des Prinzen

their noses wouldn't grow as big as the prince's

Als er vernünftig wurde, lernte er Geschichte

When he grew sensible he learned history

Von großen Prinzen und schönen Prinzessinnen war die Rede

great princes and beautiful princesses were spoken of

Und seine Lehrer achteten immer darauf, ihm zu sagen, dass sie lange Nasen hätten

and his teachers always took care to tell him that they had long noses

Sein Zimmer war mit Bildern von Menschen mit sehr großen Nasen behängt

His room was hung with pictures of people with very large noses

und der Prinz wuchs in der Überzeugung auf, dass eine lange Nase etwas Schönes sei

and the Prince grew up convinced that a long nose was a thing of beauty

Er hätte nicht gerne eine kürzere Nase gehabt

he would not have liked to have had a shorter nose

Bald würde der Prinz zwanzig Jahre alt sein
soon the prince would be twenty
so dachte die Königin, es sei an der Zeit, dass er heiratete
so the Queen thought it was time that he got married
Sie brachte mehrere Porträts der Prinzessinnen mit, damit er sie sehen konnte
she brought several portraits of the princesses for him to see
und unter den Porträts befand sich ein Bild der lieben kleinen Prinzessin!
and among the portraits was a picture of the dear little Princess!
Es sollte erwähnt werden, dass sie die Tochter eines großen Königs war
it should be mentioned that she was the daughter of a great king
Eines Tages würde sie selbst mehrere Königreiche besitzen
some day she would possess several kingdoms herself
aber Prinz Hyazinth dachte nicht so viel darüber nach
but Prince Hyacinth didn't think so much about this
Er war vor allem von ihrer Schönheit beeindruckt
he was most of all struck with her beauty
Allerdings hatte sie eine kleine Knopfnase
however, she had a little button nose
aber es war die schönste Nase, die man sich vorstellen konnte
but it was was the prettiest nose possible
Die Höflinge hatten sich angewöhnt, über kleine Nasen zu lachen
the courtiers had gotten into a habit of laughing at little noses

Es war sehr peinlich, wenn sie der Prinzessin über die Nase lachten
it was very embarrassing when they laughed at the princess' nose
Der Prinz schätzte das gar nicht
the prince did not appreciate this at all
Er vermochte den Humor darin nicht zu sehen
he failed to see the humour in it
Tatsächlich verbannte er zwei seiner Höflinge
in fact, he banished two of his courtiers
weil sie die kleine Nase der Prinzessin erwähnten
because they mentioned the princess' little nose
Die anderen verstanden das als Warnung
The others took this as a warning
Sie lernten, zweimal nachzudenken, bevor sie sprachen
they learned to think twice before they spoke
Und sie gingen sogar so weit, Schönheit neu zu definieren
and they one even went so far as to redefine beauty
"Ein Mann ist nichts ohne eine große, dicke Nase"
"a man is nothing without a big fat nose"
"Aber die Schönheit einer Frau ist ganz anders"
"but a woman's beauty is very different"

er kannte einen gelehrten Mann, der Griechisch verstand
he knew a learned man who understood Greek
anscheinend hatte die schöne Kleopatra selbst eine kleine Nase!
apparently the beautiful Cleopatra herself had a little nose!
Der Prinz machte ihm ein schönes Geschenk als Belohnung für die gute Nachricht

The Prince gave him a nice present as a reward for the good news
Er schickte Botschafter in ihr Schloss
he sent ambassadors to her castle
sie baten die liebe kleine Prinzessin, den Prinzen zu heiraten
they asked the dear little Princess to marry the prince
Der König, ihr Vater, gab sein Einverständnis
The King, her father, gave his consent
Prinz Hyazinth ging ihr sofort entgegen
Prince Hyacinth immediately went to meet her
Er trat vor, um ihr die Hand zu küssen
he advanced to kiss her hand
Doch plötzlich gab es eine Rauchwolke
but suddenly there was a burst of smoke
Alle, die da waren, schnappten erstaunt nach Luft
all that were there gasped in astonishment
Der Zauberer war so plötzlich wie ein Blitz aufgetaucht
the enchanter had appeared as suddenly as a flash of lightning
er schnappte sich die liebe kleine Prinzessin
he snatched up the dear little Princess
und er wirbelte sie fort, außer Sichtweite!
and he whirled her away out of sight!

Der Prinz blieb ganz untröstlich zurück
The Prince was left quite inconsolable
Nichts konnte ihn dazu bewegen, in sein Reich zurückzukehren
nothing could induce him to go back to his kingdom
Er musste sie wiederfinden
he had to find her again
aber er weigerte sich, einem seiner Höflinge zu erlauben, ihm zu folgen
but he refused to allow any of his courtiers to follow him
Er bestieg sein Pferd und ritt traurig davon
he mounted his horse and rode sadly away
und er ließ das Tier wählen, welchen Weg es

einschlagen wollte
and he let the animal choose which path to take

Er ritt den ganzen Weg bis in ein großes Tal
he rode all the way to a great valley
Er ritt den ganzen Tag darüber
he rode across it all day long
und den ganzen Tag sah er kein einziges Haus
and all day he didn't see a single house
Pferd und Reiter waren furchtbar hungrig
the horse and rider were terribly hungry
Als die Nacht hereinbrach, erblickte der Prinz ein Licht
as the night fell, the Prince caught sight of a light
Es schien aus einer Höhle zu leuchten
it seemed to shine from a cavern
Er ritt zum Licht
He rode up to the light
Dort sah er eine kleine alte Frau
there he saw a little old woman
Sie schien mindestens hundert Jahre alt zu sein
she appeared to be at least a hundred years old
Sie setzte ihre Brille auf, um Prinz Hyazinth anzusehen
She put on her spectacles to look at Prince Hyacinth
Es dauerte ziemlich lange, bis sie ihre Brille aufsetzen konnte
it was quite a long time before she could secure her spectacles
denn ihre Nase war sehr kurz!
because her nose was very short!
Als sie sich sahen, brachen sie in Gelächter aus
so when they saw each other they burst into laughter
"Oh, was für eine komische Nase!" riefen sie gleichzeitig

"Oh, what a funny nose!" they exclaimed at the same time
"Es ist nicht so lustig wie deine Nase", sagte Prinz Hyazinth zu der Fee
"it's not as funny as your nose" said Prince Hyacinth to the Fairy
(weil sie eine Fee war)
(because a fairy is what she was)
"Madame, ich bitte Sie, die Betrachtung unserer Nasen zu überlassen"
"madam, I beg you to leave the consideration of our noses"
"Auch wenn deine Nase sehr komisch ist"
"even though your nose is very funny"
"Sei gut genug, mir etwas zu essen zu geben"
"be good enough to give me something to eat"
"Ich bin den ganzen Tag geritten und bin am Verhungern"
"I had ridden all day and I am starving"
"Und mein armes Pferd hungert auch"
"and my poor horse is starving too"
antwortete die Fee dem Prinzen
the fairy replied to the prince
"Deine Nase ist wirklich sehr lächerlich"
"your nose really is very ridiculous"
"Aber du bist der Sohn meines besten Freundes"
"but you are the son of my best friend"
"Ich habe deinen Vater geliebt, als wäre er mein Bruder"
"I loved your father as if he had been my brother"
"Dein Vater hatte eine sehr schöne Nase!"
"your father had a very handsome nose!"
Der Prinz war verblüfft über das, was die Fee sagte
the prince was baffled at what the fairy said
"Was fehlt meiner Nase?"

"what does my nose lack?"
"Oh! es fehlt ihm an nichts", antwortete die Fee
"Oh! it doesn't lack anything" replied the Fairy
"Im Gegenteil!"
"On the contrary!"
"Da ist zu viel von deiner Nase!"
"there is too much of your nose!"
"Aber keine Sorge um Nasen"
"But never mind about noses"
"Man kann ein sehr würdiger Mann sein, obwohl die Nase zu lang ist"
"one can be a very worthy man despite your nose being too long"
"Ich habe dir gesagt, dass ich der Freund deines Vaters bin"
"I was telling you that I was your father's friend"
"Er kam früher oft zu mir"
"he often came to see me in the old times"
"Und du musst wissen, dass ich damals sehr hübsch war"
"and you must know that I was very pretty in those days"
"Zumindest hat er das immer gesagt"
"at least, he used to say so"
"Das letzte Mal, als ich ihn sah, hatten wir ein Gespräch"
"the last time I saw him there was a conversation we had"
"Ich möchte Ihnen von diesem Gespräch erzählen"
"I would like to tell you of this conversation"
»Ich möchte es gern hören«, sagte der Prinz
"I would love to hear it" said the Prince
"Aber lasst uns bitte zuerst essen"
"but let us please eat first"
"Ich habe den ganzen Tag nichts gegessen"

"I have not eaten anything all day"
"Der arme Junge hat recht!" sagte die Fee
"The poor boy is right" said the Fairy
"Komm herein, ich werde dir etwas zu essen geben"
"Come in, and I will give you some supper"
"Während du isst, kann ich dir meine Geschichte erzählen"
"while you are eating I can tell you my story"
"Es ist eine Geschichte mit wenigen Worten"
"it is a story of very few words"
"weil ich keine Geschichten mag, die ewig weitergehen"
"because I don't like stories that go on for ever"
"Eine zu lange Zunge ist schlimmer als eine zu lange Nase"
"Too long a tongue is worse than too long a nose"
"Als ich jung war, wurde ich dafür bewundert, dass ich kein großer Schwätzer war"
"when I was young I was admired for not being a great chatterer"
"Sie pflegten der Königin, meiner Mutter, zu sagen, dass es so sei"
"They used to tell the Queen, my mother, that it was so"
"Du siehst, was ich jetzt bin"
"you see what I am now"
"Aber ich war die Tochter eines großen Königs"
"but I was the daughter of a great king"
Mein Vater...«
My father..."
»Dein Vater hat etwas zu essen bekommen, als er hungrig war!« unterbrach ihn der Prinz
"Your father got something to eat when he was hungry!" interrupted the Prince
"Oh! gewiß,« antwortete die Fee

"Oh! certainly" answered the Fairy
"Und auch ihr sollt zu Abend essen"
"and you also shall have supper too"
"Ich wollte dir nur sagen..." fuhr sie fort
"I just wanted to tell you..." she continued
"Aber ich kann wirklich nicht zuhören, bis ich etwas gegessen habe"
"But I really cannot listen until I have had something to eat"
der Prinz wurde ganz zornig
the Prince was getting quite angry
Aber er erinnerte sich, dass er besser höflich sein sollte
but he remembered he had better be polite
er brauchte wirklich die Hilfe der Fee
he really needed the Fairy's help
"In dem Vergnügen, dir zuzuhören, könnte ich meinen eigenen Hunger vergessen"
"in the pleasure of listening to you I might forget my own hunger"
"Aber mein Pferd kann dich nicht verstehen"
"but my horse cannot understand you"
"Er muss etwas zu essen haben!"
"he must have some food!"
Die Fee fühlte sich durch dieses Kompliment sehr geschmeichelt
The Fairy was very much flattered by this compliment
und sie rief ihren Knechten zu
and she called to her servants
"Du sollst keine Minute länger warten"
"You shall not wait another minute"
"Du bist wirklich sehr höflich"
"you really are very polite"
"Und trotz der enormen Größe deiner Nase bist du

wirklich sehr nett"
"and in spite of the enormous size of your nose you are really very nice"
»Verflucht sei die Alte!« sagte der Prinz zu sich selbst
"curse the old lady!" said the Prince to himself
"Sie wird nicht aufhören, mir um die Nase zu reden!"
"she won't stop going on about my nose!"
"Es ist, als hätte meine Nase die ganze Länge genommen, die ihrer Nase fehlt!"
"it's as if my nose had taken all the length her nose lacks!"
"Wenn ich nicht so hungrig wäre, würde ich dieses Geschwätz verlassen"
"If I were not so hungry I would leave this chatterpie"
"Sie denkt sogar, dass sie sehr wenig redet!"
"she even thinks she talks very little!"
"Warum können dumme Menschen ihre eigenen Fehler nicht sehen!"
"why can stupid people not to see their own faults!"
"Das passiert, wenn man eine Prinzessin ist"
"That is what happens when you are a princess"
"Sie ist von Schmeichlern verwöhnt worden"
"she has been spoiled by flatterers"
"Sie haben sie glauben gemacht, dass sie eine gemäßigte Rednerin ist!"
"they have made her believe that she is a moderate talker!"

Währenddessen stellten die Diener das Abendbrot auf den Tisch
Meanwhile, the servants were putting the supper on the table
Die Fee stellte ihnen tausend Fragen
the fairy asked them a thousand questions

Der Prinz fand das sehr amüsant
the prince found this very amusing
denn eigentlich wollte sie sich nur selbst reden hören
because really she just wanted to hear herself speak
Es gab eine Magd, die dem Prinzen besonders auffiel
there was one maid the prince especially noticed
Sie fand immer einen Weg, die Weisheit ihrer Herrin zu loben
she always found a way to praise her mistress's wisdom
Als er sein Abendessen aß, dachte er: "Ich bin sehr froh, dass ich hierher gekommen bin."
as he ate his supper he thought, "I'm very glad I came here"
"Das zeigt mir, wie vernünftig ich war"
"This shows me how sensible I have been"
"Ich habe nie auf Schmeichler gehört"
"I have never listened to flatterers"
"Solche Leute loben uns ohne Scham ins Gesicht"
"People of that sort praise us to our faces without shame"
"Und sie verbergen unsere Fehler"
"and they hide our faults"
"Oder sie verwandeln unsere Fehler in Tugenden"
"or they change our faults into virtues"
"Ich werde Leuten, die mir schmeicheln, nie glauben"
"I will never believe people who flatter me"
"Ich kenne meine eigenen Fehler, hoffe ich"
"I know my own defects, I hope"
Der arme Prinz Hyazinth glaubte wirklich, was er sagte
Poor Prince Hyacinth really believed what he said
Er wusste nicht, dass die Leute ihn auslachen
he didn't know that the people laughed at him
Sie lobten seine Nase, wenn sie bei ihm waren
they praised his nose when they were with him

Aber wenn er nicht da war, verspotteten sie seine Nase
but when he wasn't there, they mocked his nose
und die Magd der Fee lachte sie ebenso aus
and the Fairy's maid were laughing at her the same way
der Prinz hatte eine der Mägde listig lachen sehen
the Prince had seen one of the maids laugh slyly
sie dachte, sie könne es tun, ohne dass die Fee sie bemerkte
she thought she could do so without the Fairy noticing her
Er sagte jedoch nichts
However, he said nothing
und sein Hunger begann gestillt zu werden
and his hunger was beginning to be appeased
Bald fing die Fee wieder an zu sprechen
soon the fairy started speaking again
"Mein lieber Prinz, würdest du dich bitte ein wenig mehr in diese Richtung bewegen?"
"My dear Prince, would you please move a little more that way"
"Deine Nase wirft einen sehr langen Schatten"
"your nose casts a very long shadow"
"Ich kann wirklich nicht sehen, was ich auf meinem Teller habe"
"I really cannot see what I have on my plate"

Stolz verpflichtete der Prinz die Fee
the prince proudly obliged the fairy
"Nun laß uns von deinem Vater sprechen"
"Now let us speak of your father"
"Als ich an seinen Hof ging, war er noch ein junger Mann"
"When I went to his Court he was only a young man"
"Aber das ist schon ein paar Jahre her"
"but that was some years ago"
"Seitdem bin ich an diesem trostlosen Ort"
"I have been in this desolate place ever since"
"Erzählen Sie mir, was heute los ist"
"Tell me what goes on nowadays"
"Sind die Damen so vergnügungsfreudig wie eh und

je?"
"are the ladies as fond of amusement as ever?"
"Zu meiner Zeit habe ich sie jeden Tag auf Partys gesehen"
"In my time I saw them at parties every day"
"Meine Güte! Was hast du für eine lange Nase!"
"Goodness me! what a long nose you have!"
"Ich kann mich nicht daran gewöhnen!"
"I cannot get used to it!"
»Bitte, gnädige Frau«, sagte der Prinz
"Please, madam" said the Prince
"Ich wünschte, du würdest es unterlassen, meine Nase zu erwähnen"
"I wish you would refrain from mentioning my nose"
"Es kann dir egal sein, wie es ist"
"It cannot matter to you what it is like"
"Ich bin ganz zufrieden damit"
"I am quite satisfied with it"
"und ich habe keine Lust, eine kürzere Nase zu haben"
"and I have no wish to have a shorter nose"
"Man muss nehmen, was man bekommt"
"One must take what one is given"
"Jetzt bist du zornig auf mich, meine arme Hyazinthe!" sagte die Fee
"Now you are angry with me, my poor Hyacinth" said the Fairy
"Ich versichere Ihnen, dass ich Sie nicht ärgern wollte"
"I assure you that I didn't mean to vex you"
"Im Gegenteil; Ich wollte dir einen Dienst erweisen."
"it is on the contrary; I wished to do you a service"
"Ich kann nicht anders, als dass deine Nase ein Schock für mich ist"
"I cannot help your nose being a shock to me"

"also werde ich versuchen, nichts darüber zu sagen"
"so I will try not to say anything about it"
"Ich werde sogar versuchen zu glauben, dass du eine gewöhnliche Nase hast"
"I will even try to think that you have an ordinary nose"
"Aber ich muss dir die Wahrheit sagen"
"but I must tell you the truth"
"Man könnte sich drei vernünftige Nasen aus der Nase machen"
"you could make three reasonable noses out of your nose"
Der Prinz hatte keinen Hunger mehr
The Prince was no longer hungry
Er war ungeduldig geworden über die ständigen Bemerkungen der Fee über seine Nase
he had grown impatient at the Fairy's continual remarks about his nose
Endlich sprang er wieder auf sein Pferd
finally he jumped back upon his horse
und er ritt eilig davon
and he rode hastily away
Aber wo auch immer er auf seiner Reise hinkam, dachte er, die Leute seien verrückt
But wherever he came in his journey he thought the people were mad
weil sie alle von seiner Nase sprachen
because they all talked of his nose
Und doch konnte er sich nicht dazu durchringen, zuzugeben, dass es zu lang war
and yet he could not bring himself to admit that it was too long
Er war es gewohnt, immer als gutaussehend bezeichnet zu werden
he was used to always being called handsome

Die alte Fee wollte den Prinzen glücklich machen
The old Fairy wished to make the prince happy
und schließlich entschied sie sich für einen passenden Plan
and at last she decided on a suitable plan
Sie baute einen Palast aus Kristall
she built a palace made of crystal
und sie schloß die liebe kleine Prinzessin im Schloß ein
and she shut the dear little Princess up in the palace
und sie stellte diesen Palast dorthin, wo der Prinz ihn nicht verfehlen würde
and she put this palace where the Prince would not fail to find it
Seine Freude, die Prinzessin wiederzusehen, war außerordentlich
His joy at seeing the Princess again was extreme
und er machte sich mit aller Kraft an die Arbeit, um zu versuchen, ihr Gefängnis zu durchbrechen
and he set to work with all his might to try to break her prison
Doch trotz aller Bemühungen scheiterte er
but in spite of all his efforts he failed
Er verzweifelte an seiner Situation
he despaired at his situation
aber vielleicht konnte er wenigstens mit der lieben kleinen Prinzessin sprechen
but perhaps he could at least speak to the dear little Princess
Inzwischen streckte die Prinzessin ihre Hand aus
meanwhile the princess stretched out her hand
Sie streckte ihre Hand aus, damit er ihre Hand küssen konnte

she held her hand out so that he could kiss her hand
Er drehte seine Lippen in alle Richtungen
he turned his lips in every direction
aber es gelang ihm nicht, der Prinzessin die Hand zu küssen
but he never managed to kiss the princess' hand
denn seine lange Nase verhinderte es immer
because his long nose always prevented it
Zum ersten Mal wurde ihm bewusst, wie lang seine Nase wirklich war
For the first time he realized how long his nose really was
"Nun, ich muss zugeben, dass meine Nase zu lang ist!"
"well, it must be admitted that my nose is too long!"
In einem Augenblick zerfiel das Kristallgefängnis in tausend Splitter
In an instant the crystal prison flew into a thousand splinters
und die alte Fee nahm die liebe kleine Prinzessin bei der Hand
and the old Fairy took the dear little Princess by the hand
"Du kannst mir widersprechen, wenn du willst"
"you may disagree with me, if you like"
"Es hat mir nicht viel genützt, über deine Nase zu reden!"
"it did not do much good for me to talk about your nose!"
"Ich hätte tagelang über deine Nase reden können"
"I could have talked about your nose for days"
"Du hättest nie erfahren, wie außergewöhnlich es war"
"you would never have found out how extraordinary it was"
"Aber dann hat es dich daran gehindert, das zu tun, was du wolltest"
"but then it hindered you from doing what you wanted

to"
"Du siehst, wie Selbstliebe uns davon abhält, unsere eigenen Fehler zu erkennen"
"You see how self-love keeps us from knowing our own defects"
"Die Defekte des Geistes und des Körpers"
"the defects of the mind, and body"
"Unsere Vernunft versucht vergeblich, uns unsere Fehler aufzuzeigen"
"Our reasoning tries in vain to show us our defects"
"Aber wir weigern uns, unsere Fehler zu sehen"
"but we refuse to see our flaws"
"Wir sehen sie nur, wenn sie im Weg sind"
"we only see them when they get in the way"
jetzt war Prinz Hyazinths Nase genau wie die aller anderen
now Prince Hyacinth's nose was just like everyone else's
Er versäumte es nicht, von der Lektion, die er erhalten hatte, zu profitieren
he did not fail to profit by the lesson he had received
Er heiratete die liebe kleine Prinzessin
He married the dear little princess
und sie lebten glücklich bis ans Ende ihrer Tage
and they lived happily ever after

Das Ende / The End

www.ingramcontent.com/pod-product-compliance
Lightning Source LLC
Chambersburg PA
CBHW030136100526
44591CB00009B/690